Seit 1986 ist Leipzig zu meinem Zuhause geworden, eine junge, lebendige Stadt mit vielen Entwicklungen, Menschen mit Visionen und kultureller Vielfalt. Die Stadt hat eine wechselvolle Geschichte. Noch am 14. Februar 1945 führten die Nazis die letzte Deportation von jüdischen Bürgern aus Leipzig nach Theresienstadt durch. Am 30. Mai 1968 wurde durch das SED-Regime die Universitätskirche gesprengt. Im Herbst 1989 waren es vor allem die Menschen in und um die Nikolaikirche herum, die friedlich den Weg zur Demokratie bahnten.

Die Psalmen des Alten Testaments entstanden in Situationen des Überschwangs, der Verfolgung, des Zweifels und der Suche nach dem richtigen Tun. Auf poetische Weise gaben sie den Dank oder die Bitten der Menschen an Gott zurück und gestalteten so Beziehung. Die Themen haben sich aktuell gegenüber der Entstehungszeit nicht verändert. Drängender denn je stellen sich heute existenzielle Fragen. Wer glaubt, sucht die Nähe zu Gott. Wenn sich diese Beziehung mit Leben füllt, lenkt sie den Blick auf den Reichtum und die Verletzlichkeit unseres Daseins. Alles, worüber Psalmdichter des Alten Testaments schrieben, spielte sich in einem ihnen überschaubaren Rahmen ab. Einen vergleichbaren sozialen Raum finde ich in meiner Stadt bzw. in meiner Heimatregion. Erst durch diesen Bezug zu einem mir vertrauten Ort, in einer mir zugänglichen Zeit, beginnen die Texte aus dem Alten Testament in meine Gegenwart hinein zu wirken.

Die Gedanken zu den unterschiedlichen Psalmen - einige Male wurde ein Text zweimal interpretiert - sind bewusst auf das Lob Gottes hingeführt. Sie sprechen aber auch vom Nachdenken über das Miteinander und uns selbst. Die Texte korrespondieren mit den fotografierten Landschaften und Fragmenten meiner Heimat. Manche Details dokumentieren die jeweils angesprochene Thematik, andere setzen auf die Assoziationskraft des Betrachters.

B. Fabricius

Einführung

Die Psalmen gehören zweifelsohne zu den schönsten und beeindruckendsten Texten der Bibel, ja der ganzen Menschheit. Ohne Zeichen von Altersschwäche laden sie als Gebets- und Gesangbuch seit Jahrtausenden in ungebrochener Weise zum Gotteslob ein. Keine andere Liedsammlung hat dies in ähnlicher Weise erreicht. Was macht die Psalmen so besonders?

Die biblischen Psalter zeigen sich in einer doppelten Gestalt. Einerseits sind sie Worte von Menschen, poetische Dichtungen, mit denen die Autoren ihren Glauben und ihr Gotteslob bezeugt haben. Andererseits sind die Psalmen zugleich ein Teil des biblischen Kanons und somit Wort Gottes, eine für Juden und Christen verbindliche Richtschnur des Glaubens. Über Epochen und Konfessionsgrenzen hinweg haben Gläubige die Psalmen in dieser doppelten Weise wahrgenommen, in ihnen ihr eigenes Gebet entdeckt und sie zu ihrem Gebet gemacht. So sind die Psalmen die gemeinsame Gebetssprache aller Gläubigen.

Die Bezeichnung „Psalmen" (vom griechischen Verb „psalmein"; „zupfen", „die Zither spielen") verdeutlicht, dass es sich bei ihnen ursprünglich keinesfalls um ausschließlich gesprochene Worte handelte. Sie waren Lieder mit Melodien und Rhythmen, die auf einem Saiteninstrument begleitet wurden. Einige vorangestellte Anleitungen wie „vorzusingen nach der Weise ‚die Hirschkuh, die früh gejagt wird'"(Ps 22) weisen den Leser auf den Gesangcharakter hin. Lyrik und Kompositionskunst führten gemeinsam zum Gotteslob. Die Begleitmusik ist unwiderruflich verloren gegangen. Lediglich der Liedtext ist uns überliefert. Er spielt mit Worten, verschenkt sich an Sprachwendungen. Eine rhetorische Form, die in den Psalmen häufig begegnet, ist die des Parallelismus membrorum. Nebeneinander stehende Versglieder nehmen aufeinander Bezug.

Sie beleuchten die Aussage von verschiedenen Seiten und finden für das schon Gesagte wiederum neue Worte (synonymer Parallelismus; z.B. Ps 135,13), vereinigen sich zu einer Aussage (synthetisch; Ps 145,15) oder enthalten gegensätzliche Aussagen, um einen Unterschied zu beschreiben (antithetisch; Ps 102,27). So entsteht ein lebendiger und reich bebilderter Sprachfluss, ein kunstvoll gewebtes Werk, dessen Dichter die Sprache schmuckvoll geformt und sorgfältig gefeilt haben.

Glaubensüberzeugung, Intellekt und künstlerische Begabung verdichten sich zu einem reichen Sprachschatz für den Gottesdienst und für die persönliche Einkehr – eine Dichtkunst, die den Menschen in seinem Innersten trifft. Wohl kaum einem anderen Text ist gelungen, an den Stationen des Lebens mehr Trost und Vertrauen freizusetzen als „Der Herr ist mein Hirte, mir wird nichts mangeln" (Ps 23,1). Kaum ein Ruf bringt so ehrlich das Gefühl der Verlassenheit und die tiefe Sehnsucht nach Gott zur Sprache wie „Mein Gott, mein Gott, warum hast du mich verlassen?" (Ps 22,2). Die Psalmen sparen keine Lebenssituation aus und entfalten gerade darin ihre Kraft.

Bis heute bringen die Psalmen die Tiefe der menschlichen Existenz in Lob und Klage gleichermaßen vor Gott. Ihre Resonanz ist ungebrochen. Die vorliegenden Psalmgedanken nehmen das Anliegen der Psalmen in bester Weise auf. Angeregt von der Lektüre der biblischen Psalmen, sind sie ein Widerhall der eigenen Erfahrungen und des eigenen Nachdenkens. Sie laden mit wiederum kunstvoll erarbeiteten Versen zum Gotteslob ein und verdeutlichen so, dass die Psalmen Gebrauchstexte des Glaubens sind – mit einer Spannweite, die die Vielfalt des Lebens umfasst.

Dietmar Päschel

Danke

Johannes und Uwe,

ihr habt mir Mut zu diesem Buch gemacht;

Constanze,

für deine Geduld und deinen Fleiß;

Michael, Claudia und Andreas

für eure zur Verfügung gestellten Bilder.

Wahres Glück

Stein auf Stein schichtest du

den Berg

und zeigst uns unsre Grenzen.

Die Demut sieht den schmalen Weg am Grat,

Vertrauen lässt ihn gehen.

Meine Schwachheit lege ich in deine Hand,

um nicht vom Weg zu kommen.

Halte meine Augen offen.

Und wenn ich falle,

legst du dich mir quer,

unverrückbar,

Stein des Anstoßes, Eckstein, Schlussstein,

hältst du mich.

Von der Würde des Menschen

Wer setzt sich für die Geschlagenen ein?

Von außen verschlossene Waggons, du kniest mitten unter ihnen.

Du hast sie doch nur ein weniges niedriger gemacht,

nun weinen sie deinen Schmerz.

Eine Frau - alles Wesen hast du unter ihre Füße getan -

schreit im Strom der Flüchtenden.

Was kann ich für dich tun?

Samen streut die Nacht wie Sterne

und manche Pflugschar wird zum Schwert.

Haben wir dich nicht verstanden?

Was sind wir dir?

Wer bist du uns?

Du lässt uns unsere Entscheidungen,

du weißt um die Folgen und bist dennoch geduldig.

Dich loben das Nordlicht,

der Strich am Kelch der Sonnenuhr.

Es loben dich die Himmel,

doch die Menschen haben eigne Pläne.

Wir sehen aus sicherer Entfernung

ergeben aufs Geschehen.

Du aber willst uns am Scheitelpunkt der Flut.

Dass die Ahnung von dir reichte,

die Welt vor unsrer Sucht zu wahren,

dem Verfolgten Heimat zu geben,

gegen verdrehte Zungen und Köpfe voller Beton zu streiten

und dein Wort beim Wort zu nehmen.

Der gute Grund

Viele Namen sind verwittert.

Wer denkt noch an sie?

Ich will an dich denken.

Mit dir will ich um die Wette lachen,

In den Fluchten meines Glaubens

finde ich

deine offene Tür.

Du hast meinen Namen

in deine Hand genagelt.

Entdeckt sein Wirken in unserem täglichen Handeln.

Macht, was ihr von ihm wisst, bekannt.

Wie die Blätter im Herbst sollen Sorge und Angst fallen.

Die Traurigen sollen wieder Ziele haben.

Dafür nimmt uns Gott in seinen Dienst.

Wann sehen wir beiseite?

Was wollen wir sehen?

Die unsre Welt am Abgrund balancieren,

sie sollen deinen Namen nicht nehmen,

um Andrer Leid von ihren Händen zu schaben.

Halte ihnen einen Spiegel vor.

Alle Macht ist nur geliehen.

Von ihm angenommen

Es scheint, dass mein Bemühen mich nur lähmt,

wenn ich aus eigner Kraft versuche zu genügen.

So will ich, dass mein Sinnen sich an deinem zähmt,

soll deine Liebe über mich verfügen.

An der Schwelle deines Sommers will ich leben,

der Zuversicht und Wachsen gibt.

Wenn sich über deinem Wort die Schleier heben,

gib mir, dass mein Herz es sieht.

Du lässt mich nicht im Schatten brennen,

bläst durch meine Seiten fader Makel deinen frischen Wind.

Du lässt mich meinen Platz bei dir erkennen -

nicht gleich gültig Mensch,

vielmehr dein Kind.

Ein Weg zu leben

Ich lass mich auf dich ein .

Die andren Götter schaffe mir vom Hals.

Du hast mich doch genug beschenkt.

Mit großer Kraft fällt Wort auf unsre kargen Böden,

schlägt Tropfen gleich auf winterharte Erde.

Hörten wir es nicht im Donnern der Lawine,

die weit von uns Haus und Baum und Mensch begrub, im Wellenbruch, im Sinnesdunkel?

Wir sind vom Weltgewirr umschlossen, doch du hast einen Weg.

An Worten leicht wie Schneekristall zerplatzt unser Stolz.

Deine Stimme, die Kontinente hüpfen lässt und große Wasser speist,

die den Frost im Boden bricht

und Licht in finstre Räume bringt,

lädt mich zum Zwiegespräch.

Wesen und Gesetz

Traum und Tag berühren sich,

Menschen in deinem Spiegel.

Im Weinen und in der Lust treten wir in deinen Garten.

Wir sind nur Wimpernschlag und doch sind wir dir wichtig.

Die du heiligst, rufen allen andern zu: Macht es besser,

bewahrt uns und euch vor Schaden.

Sie sind wie Wegzeichen,

vom Wind beschnitten, doch wir sehen in ihnen noch dein Wissen.

Du hast ihnen Weisheit mit deinem Wesen zugeteilt.

Du bist besungen, besprochen, zerredet.

Furcht zieht uns in die Schatten.

Freude bricht die Riegel.

Nichts bleibt dem Gang der Sonne dunkel,

sie lässt die Saaten keimen und dörrt das Gras.

Dein Licht erhellt die Worte hinter dem Gesetz.

Vor deinen Blicken windet sich die Schuld,

zerbricht Stolz an Liebes Mauern.

Finde mich.

Geborgen

Es schließt mich ganz dein Blühen ein,

und Früchte wachsen dort, wo sonst nichts wächst.

Du gehst mit mir durch dick und dünn.

Ich möchte leicht und froh und frei sein. Habe ich dein Wort?

Manchmal steht meine Welt Kopf,

dann wanderst du in meinem Grund.

Kein Mensch sei dir verloren.

Unsere Träume steigen wie Seifenblasen himmelwärts,

als wärst du dort am Rand zu finden.

Doch du liebst

aus der nächsten Nähe.

Das Herz des Königs

Eine Furche hast du in den kalten Raum gezogen,

und unsre Welt als Korn gestreut.

Du bläst die klammen Finger deiner Kinder warm,

du streust in matte Herzen Licht.

Gegen die Risse in Steinen, Sinn und Atmosphäre

bleibst du der treue Gott.

Du segnest, die die unbequemen Wege gehen.

Ich bin vor meine Tür gegangen. Meine Hand hat Flecken,

meine Augen haben dich erkannt.

Und dann gehst du an meinem lauten Haus vorbei. Still.

Heben wir die Türe aus den Angeln

um Platz für dich zu schaffen

und denen,

die sich nach dir sehnen,

öffnen wir das Tor.

Und dann

bitten wir dich

herein.

Einigkeit

Das Wesen Gottes, Sommermorgensonne,

Kraft, Licht, Tat.

Stark ist sein Wort, gebaut als feste Burg.

In deinem Vorhof will ich wohnen, unter denen, die du liebst.

Gib mir das kleine Zimmer am Ende deines Flures.

Er lässt das Unwägbare wagen.

Die als Fremde nahen, aus Angst entwerten,

begegnen sich als Brüder.

Er lebt.

Keins wiegt schwerer

als in ihm

versöhnt zu sein.

Dialog

Was ich denke, möchte ich vor dich bringen,

meine Hoffnung und mich in deine Arme.

Du willst für mich Vater sein und Trost,

ein Wort, als wäre es ein Tropfen.

Deine Stimme lässt den Stein am Tod zerfallen

und meine Wege sich entkrummen.

Nicht Schuld noch Klage gilt mehr

als dein Ruf.

Regen fällt vom Himmel und kehrt nicht um,

tränkt die Erde und macht sie satt,

gibt dem Sämann Samen und

das Nötige zum Brot.

So ist es mit dem Wort aus meinen Mund:

Es kehrt nicht leer zurück. Dem Tropfen

geb ich Heimat gleich dem Meer

und setz in neuem Bund

dir deinen Segen.

Schuld und Sühne

Die Gerichtstüren öffnen sich.

Die nach Unzulänglichkeit suchen, sie werden täglich bei mir fündig.

Und doch bekomm ich eine zweite Chance.

Die im Glashaus sitzen, zögern nicht, den ersten Stein zu werfen.

In den Augen meiner Lieben les ich meine Schuld.

Das macht mir zu schaffen und ich führe doppelt Buch.

Was wäre, wenn Gedanken offen lägen, Blicke, Gesten, Worte sich zu Taten formten?

Wer könnte dann noch für sich bürgen?

Wem wurde nicht schon schlecht vor Schmerz, dass eine Last nach Klärung schrie,

und Scham und Angst machten uns einsam.

Alle Taten sind aufgezählt. Die Konsequenzen sind besprochen. Die Klage lässt nur ein Urteil zu.

Und dann das: Einer spricht mich frei.

Die Türen öffnen sich gegen Kaution. Keiner hätte genug sie zu begleichen.

Gott ist mein Bewährungshelfer.

Frühling

Du pflügst mit breiten Schultern unsre Erde,

staunend stehe ich inmitten deiner Spur.

Du löst meinen Blick vom Dreck und richtest mir den Rücken.

Ich kann jetzt deine Vaterhände sehn, Flüsse, die aus deinen Fingern rinnen.

Das Leuchten deiner Augen taut mein dürres Land.

Dein Wesen grünt die kahlen grauen Hügel

Von deiner Liebe will ich atmen, du bist in meinen Tiefen Quell.

Lege schwere schwarze Erde in mein Herz

und lass dort deine Güte wachsen.

Von mir selbst erwarte nichts, da wird nichts grün und heil.

Ich leg mein Hoffen wie Kinderarme um dein Knie

und lasse dich nicht gehen, bis du mich wieder

und wieder segnest.

Fürsorge

Ich treibe, drifte ruhelos.

DU ABER BLEIBST.

Beständig Boden, Nahrung, Wärme und Licht.

Weil jeder anders sucht und meint und ist,

erscheinst du ihm als eigner Gott.

Und bist doch der Eine.

Du stellst mir einen Menschen vor. Tragt einander:

den, der unter seinem Rucksack stöhnt;

den, der gar nichts von dir will;

den, der an vielen Schwellen scheitert;

den, der lieben will und nichts kennt,

aus dem er Liebe schöpfen kann.

Was uns wichtig ist,

es verändert seinen Wert

im Blick auf dich.

Sprich mir ins Herz

und lass mich ankommen.

Pfingsten

Dem Tod ist das Zepter fortgenommen.

Die Möwe hält im Schnabel einen Zweig,

frisch vom Ast geknickt.

Leben.

Die sich jetzt nach frischem Wasser sehnen,

schleppen ihre leeren Krüge hin zu dir,

denn bei dir ist die Quelle.

Dein Wort hat meinen platten Geist geweckt.

Der Vorhang, staubig, rutscht zum Boden.

Weit offen steht das Fenster.

Hinter alte Mauern strömt nun frische Luft.

Jetzt sind wir Licht von deinem Licht.

Wer würde nicht gern auf der sicheren Seite sein,

den Himmel im Herzen, im Leben den Glanz?

Mit keinem möchten wir es verderben.

So schweigen wir und finden keinen Frieden.

Lehre unsre kleine Zeit

Mit Sorge stehen viele Menschen auf,

tauchen alltags nach zweifelhaften Zielen.

Manche Kinder gehen als Waisen schlafen,

sich selbst und ihren Träumen überlassen.

Wenn wir vom Leben

nur Splitter greifen können,

der Mensch im Spiegel aller Zeit

nicht mehr als Traumbild ist,

gibst du doch Recht

zu hoffen.

Mach uns bewusst, wir können ohne dich nicht sein,

all jenen, denen nichts heilig ist

und die doch von deiner Geduld leben,

all jenen, die sich ihren Glauben nicht

versichern, sie sind unterwegs,

dieser bunten Erde.

Dir.

Begegnung

Mit jedem Tag beginnt mein Leben neu mit dir.

Du wendest dich mir zu und hörst, was mich bewegt.

Ich beginne deine Ordnungen zu begreifen und deine Liebe.

Du willst keine widerwilligen Gaben, keine Lippenbekenntnisse.

Gegen die fragwürdigen Angebote unserer Zeit setzt du Zuversicht.

Festgefahren in meinen Spuren, begegnest du mir

und ziehst mich heraus.

Wie sonst sollte ich zu Atem kommen?

Darum will ich dir einen Ort in mir bereiten.

Ich trage es hinaus und teile das Wort,

forme die Welt als dein Gefäß

und füll es bis zum Rand

mit deiner Kraft.

Verwerfung

Gott – in die Stille klingt dein Wort,

in die Taubheit meiner Ohren,

in die Taubheit meines Lebens dringt dein Ton.

Dein Tun stellst du gegen unser Zagen,

unter deinen Händen schwindet Angst.

An einem Tag entziehst du unseren Füßen den Halt

und stellst uns am anderen auf festen Grund.

Unser Leben gleicht dem Flügelschlag des Schmetterlings,

der über Sommerwiesen taumelt.

Lass uns mehr als taumeln.

Gib uns eine feste Bahn.

Bündung

Aus deinen Händen empfang ich meine Braut
und sie ist schön.
Du lässt mich ihr Geheimnis, ihre Schöne
und Eigenheit sehen.

Wie Musik, wie Gleichklang uns verbindet,
legst du ein Band um unser Leben.

Wir wollen den Wind nicht draußen lassen,
den Sturm nicht und nicht das Licht.

Im Rauschen der Routinen lenke unsern Sinn.

Lass uns einander immer anders sein und doch nicht fremd.
Lass aus deinen Saaten Gärten wachsen,
aus kleinem Trieb der Liebe Wert.

Gott ist bei uns

Einer achtet auf die Sterne, einer fällt das Lot

ungewiss bleibt dennoch unser Reisen.

Navigiere mich durch meine Irren.

Glaube bändigt unsere Ängste,

wenn Berge brennen und Wasser die Existenz bedrohen.

Er, der die Dinge führt, begegnet uns tatsächlich.

Wir fragen: Warum geschieht das Leid,

sind Flut und Feuer, Gewalt und Tod nicht zu halten?

Können wir sein Handeln begreifen?

Gott setzt den Kriegen einen Sabbat

und macht die Waffen unbrauchbar.

Er macht sich uns selbst zum Frieden.

Glaube und Vernunft

Spricht die Vernunft: Es gibt IHN nicht.

Nicht ist, was nicht zu messen und bestimmen ist.

Teleskope greifen in die Weiten. Was erwarten wir zu finden?

Wissen steht gegen Gewissheit. Wissen altert.

Lieber ist der Mensch allein, lieber Schöpfer als Geschöpf.

Auf unserer Fläche laufen wir wie Wasserkäfer. Binden wir in Tiefe?

Im Schwachen fordert Gott, uns zu bescheiden und

nicht am Anderen zu sparen.

Wenn Menschen mit Verstand nur blind in den Gestirnen tasten,

werden sie nicht fündig. Dem Herzen droht Leere.

Hörst du am Rand des Winters die Vögel singen?

Wer es schafft,

dem Spott zu spotten,

wird lachend leben.

An dich entbunden

Ich taste, deine Nähe fühlend,

dürstend aus salzigen Wassern,

gleich dem Verlorenen, gleich dem Bruder des Verlorenen nach dir.

Ich suche dich, wenn du von deiner Schöpfung ruhst,

an deinem Tag beuge ich mich.

Ich suche dich, wenn meine Lippen rissig sind

und der Hals brennt, auch dann such ich dich.

Wenn der Zorn des Tages mir den Schlaf nicht lässt,

gehen meine Gedanken zu dir.

Manchmal wird mir klar, wie du mich segnest.

Und da, wo schwarz und weiß an mir reißen,

spüre ich plötzlich deine Farben.

Um dich zu finden, lauf ich dir davon

und bin doch stets in deinem Schatten.

Gedanken zu Psalm 64

Osterpsalm

Nacht hat unserm Gott das Bett bereitet,

und die nicht wissen, weinen hinterm Stein.

Am seidenen Faden

hängt mit dem Kreuz die Welt.

Uns einen Weg zu geben hast du dich ausweglos gemacht.

Zum Licht zu werden lagst du im Dunkel.

Die Haltlosen zu halten ließt du ganz los.

Die vor dir seit diesem Tage gehen,

sind Weizen oder Spreu.

Der Vorhang reißt. Wind treibt die Spreu von der Tenne.

Morgen ist Weg.

Morgen ist Licht. Morgen ist Halt.

Gestern, heute und morgen bist du.

Erntedank

Dankt dem Herrn, der uns sein Wort gleich Felsen setzt,

dem kraftvollen Gott, er stillt uns Flut und Toben.

Ehrt ihn, der uns mit seinem Segen sanft umkleidet,

der Bein und Geist und Hand und Herz mit Fröhlichkeit erfüllt.

Maschinen pflügen deine Erde,

und das Wasser strömt aus tiefen Brunnen.

Doch dein Geheimnis lässt die Saaten wachsen,

dein Atem nässt das Gras und Wald und karges Seelenland.

Du teilst uns aus, dass wir teilen:

zum Weitergeben täglich Brot; gegen die Flüchtigkeit Frucht und Wort;

wider die Bitternis deine unendliche Liebe;

von deinem Reichtum volle Hände;

aus deinem Handeln Mitgefühl.

Im Zweifel

Erinnere dich meiner,

denn die Welt macht mich taub.

Im Rauschen der täglichen Geschäfte

kann ich deine Stimme nicht erkennen.

Der Eingeengte forscht dich zur Randnotiz.

Gleichgültig zählt jeder Tag,

an dem du dich nicht zeigst,

auf seine Konten.

Manchmal wird mein Warten müde

und ich schlafe ein.

Wecke mich,

Dich zu erkennen.

Warten auf Gott

Herr schenke uns Vertrauen,

wie Kindern, die mit großen Augen deine Wunder schauen,

und Geduld, wenn unser Alltag um dich Haken schlägt.

Hilf uns der Angst begegnen,

wenn wir uns zwischen den Polen der Welt verlaufen,

sie hindert uns, dich zu erfahren.

Warum ist mein Glauben nur ein Flüstern?

Wie bist du uns nah?

Wir könnten uns deiner Neigung sicher sein,

doch zähmen wir die Freude, als wäre sie verboten.

Fülle unser Warten

mit Veränderung.

Fülle unser Warten

mit Träumen.

Fülle unser Warten

mit Kraft.

Fülle uns

mit

Fülle.

Gedanken zu Psalm 72

Zum Weitergeben

In seine Hände legen wir Recht und Gnade,

dass in unsre Häuser Frieden fließt.

Wer wird in seiner Nähe an uns schuldig? Wie bringen wir uns selbst und andere in Not?

Den Worten vom Gericht stellt sich sein Sohn. Er wirft sich in die Waagschale.

Sein Argument ist Liebe. Sein Tun ist wie ein warmer Regen.

Deshalb gibt der Herr uns eine Hoffnung.

Sie scheint auf an unserem Arbeitsplatz, in den Augen eines Kindes,

dem Wort eines Freundes, der Zeiten miteinander.

Weil es diese Hoffnung gibt, brauchen wir keine Masken, keine eindrucksvollen Gesten.

Die Liebe Gottes verschenkt sich ohne Hintertür.

Sie gibt ohne zu bedauern Rat und Tat.

Der größte Schatz, den wir besitzen können, ist die Liebe Gottes.

Hoffnung und Wärme, Gerechtigkeit und Freude

—

Früchte zum Teilen.

Gebet in Kriegsgefahr

Schweigst du wirklich Gott,

wenn Nationen und Einzelne sich das Recht nehmen, über andere zu richten?

Was ist unser Entsetzen gegen Vernichtungswillen mehr als stumpfes Schwert?

Ohnmächtig sehen wir das Wüten. Und es ekelt uns an.

Wem nützt das Morden?

Sie klappern mit den Waffen hinter Diplomatenworten.

Ihre Lüge stinkt zum Himmel, Herr. Was wirst du tun?

Keiner hat das Recht, andere aus Gier und Hass und falschem Glauben zu verletzen.

Dafür gabst du uns Gebote.

Herr, du hast dich uns zum Schutz gestellt. Einmal werden deine Feinde wie Laub sein.

Sie werden Asche auf deiner Bahn sein und braches Land. Doch davor brauche uns.

Lass nicht zu, dass wir uns erst engagieren, wenn es schon zu spät ist.

Aus deinen Quellen

Du legst in jeden Morgen deine hohe Kunst.

In der Stille zeigst du dich – im ersten Nebel überm See.

Mit den Schatten deiner Hände bringst du Kühlung.

Nie steht deine Schöpfung,

sie fließt mit der Kraft großer Flüsse

gleich Adern über deine Hand.

Und ob wir gleich stromabwärts schwimmen,

aus allem Fließen klingt uns deine Quelle.

Wer hält uns unseren Augenblick?

Wenn wir mit den Wassern fallen,

wer ist unser Lager?

Fang uns aus unseren Verlorenheiten.

Sammle uns in deine Ruh.

Gewissheit

Aus toter Erde springen keine Wasser –

sagt uns der Verstand.

Vertraut, wo ihr nicht seht –

sagt uns der Herr.

Dankt und seht auf ihn,

wenn eure Seele sagt,

sie sei im Durst.

Der unser Streiten trägt,

der sich der Probe stellt,

steht zu uns.

Ein großer Gottesdienst

Begrüßt einander und erlebt,

unser Gott ist hier.

Er bewegt nicht nur die Ströme,

gibt Planeten sichere Bahn.

Gott versteckt sich nicht in Raum,

in unbestimmter Zeit.

Der, in dessen Hand die Tiefe gründet,

sendet seinen Sohn.

Der im Jahrkreis Saat und Ernte gibt,

begegnet als Mensch und Gott.

Am Kreuzweg unsrer Schuld stehst du zu deinem Wort.

Kehr in unsrem Leben ein und aus, löse uns versöhnend aus dem Tod und öffne Herz

und Mund, persönlich zu bekennen.

Von der Barmherzigkeit Gottes

Lobe den Herrn, meine Seele

und was in mir ist,

seinen heiligen Namen.

Lobe Ihn und beobachte,

was er täglich für uns tut,

denn nichts ist selbstverständlich.

Du gibst dem Alter eine Stütze und Fürsorge den Jungen.

Wenn ich meinen Tag beginne, bist du schon lange wach.

Du bist geduldig, wenn ich mir selbst im Wege steh.

Zeige mir meinen Platz

und welchen Auftrag du für mich hast.

Lobe den Herrn meine Seele.

Reformation

Du hast uns ausgelöst.

Aus allen Teilen dieser Erde,

aus der Dürre, der Flut und Einsamkeit

hast du uns in deine Arme genommen.

Lasst uns dem Herrn danken,

denn er hält an uns fest.

In Ländern, die das Recht mit Füßen treten,

gehst du zu den Unterdrückten

und gibst den Augen neuen Glanz.

In alle Himmelsrichtungen rufst du: Kommt!

Lasst uns dem Herrn danken,

denn er hält an uns fest.

Den Gefangenen aller Regionen

gibst du neuen Mut.

Du bist da, wenn unsre Kartenhäuser fallen.

Du hältst die Elemente, zu bewahren.

Lasst uns dem Herrn danken,

denn er hält an uns fest.

Du lässt uns deinen Grund erahnen.

Die sich verirren in Wüste, Meer und Sinn,

du führst sie wieder heim.

In jede Sprache sendest du Wort und Geist.

Lasst uns dem Herrn danken,

denn er hält an uns fest.

Aus Fernen rufst du uns an deine Hand,

dass Angst und Zweifel schweigen.

In der Stille sind wir nah bei dir.

Dankt dem Herrn.

Von der Integrität Gottes

In deiner Hände Bett will ich mich bergen.

Die durchs Leben steigen wie am Berg,

sie brauchen einen Halt.

Der Kranke spürt den Klang der Stille

und Schmerzen lindernd Gottes Hand.

Den Durstigen führt er zum frischen Wasser,

dass die schwache Seele sich erholt.

Er spricht zu dir direkt oder auf Umwegen.

Er sendet Menschen, deine Zerrissenheit zu heilen.

Er nimmt deine Sehnsucht ernst.

Vertrau dem Herrn.

Gott begegnen

Sicher und gelassen darfst du sein. Denn du bist gesegnet.

Blicke auf die weiß bedeckten Dächer, sie bergen uns vor Wind und Eis.

In der Dächer Schoß ist so viel Leben, so viel Chance auf Neubeginn.

Freu dich an diesem Tag, Gott stellt dich auf sein Fundament,

dass du deinen Mitmenschen ein Beispiel seines Geistes bist

und Säule seinem fest gefügten Werk.

Wenn dich heute, hier und jetzt die Last der Anderen angeht,

bist du bereit zu helfen, denn du selbst bist wohl bedacht.

Nicht Knecht noch Sklave bist du Gottes ausgestreckte Hand.

Hast du doch Grund, in Sorge und traurig zu sein,

weil dich die Nachrichten unserer Welt

betroffen machen, dann wisse dich in Ihm geborgen.

Weihnachtspsalm

Macht uns ein Fest, ihr Freunde des Herrn.

Wohin der Tag sich dehnt, soll uns dein Lob begleiten -

An alle Orte unsres Lebens sendest du dein Licht,

du gehst uns in der Dunkelheit entgegen.

Dir ist das Unmögliche zu trauen,

du gibst dem tauben Baum die besten Früchte

und schützt das Land vor brauner Flut.

Unser Verstand, reines rationales Denken,

kann menschlich weniges bewirken.

Der Welt dein Wesen mitzuteilen machst du uns erst bereit.

Mache uns zu Mehrwert,

Licht und Salz und Frucht.

Glauben und Verantwortung

Dich ehren nicht die hohen Türme, die größten Schiffe und das zweite Schaf.

Die dich ehren, senken windwärts ihre Wipfel und Dolden,

queren Land und Fluss und Meer, die Himmel ehren dich im Vogelzug.

Wir sehen dich nicht und doch leben wir von dir,

von deinem Versprechen, dass du lebendig bist,

mit uns Gemeinschaft willst und unsere Unrast in dir zur Ruhe kommt.

Die Welt verspricht uns Glück, sie lebt die Sehnsucht der Eiligen,

der Hungrigen, der Schlaflosen und Einsamen,

des Bettlers vor der Kirche,

der Angestellten hinter ihrem Schreibtisch.

Herr mach Mut zu anderen Wegen, mach uns aufmerksam.

Jeder Tag hält neue Aufgaben für uns bereit.

Du sagst: Tu etwas – für deine Stadt, für dich, für den Anderen,

nicht nur für den Augenblick, auch für das Morgen.

Morgengebet

Durchgeh mich Herr, mit dir zu ergründen,

dein Wort durchkosten lass mich,

deine Angebote, Zeichen auf dem Weg.

Deine Hand wölbt mir den Tagesbogen

sicherer als Menschenbrücken.

Dem fest gefügten Werk legst du dich zum Grund.

Deine Güte trägt mich durch die Zeit.

Wenn du mich angehst, enden meine Phrasen,

schwinden Schein und alltags Lethargie.

Wenn ich mich fürchte, machst du mich gewiss:

Dein Atem lässt mich diesen Tag erleben.

Dankt dem Herrn, denn er ist freundlich

und seine Güte trägt uns durch die Zeit.

Fallen und Landen

Dein Wort ist meines Fußes Leuchte

und ein Licht auf meinem Weg.

Das hindert nicht mein Straucheln.

Ist einer unter uns,

der alles richtig macht,

der deshalb nicht zu Schaden kommt?

Ich halte an dein Wort,

mal mehr, doch oft zu wenig.

Den ganzen Gott sehn ich mit halbem Sinn.

Aus eigener Kraft den Frieden zwingen,

gebe ich dir wenig Raum.

Und doch sind wir

durch dich dem Elend

fortgenommen.

Ganz Hirte,

beginnst du uns zu suchen,

befreist behutsam aus den Dornen.

Du bist ein Funkfeuer,

das uns sicher landen lässt,

das Leuchten vor den Klippen.

Du zählst uns deiner Herde zu.

Deine Liebe

nimmt uns vorbehaltlos an.

Friedensgebet

Betet für den Frieden Jerusalems!

Dein Volk – dein Augapfel

sucht deine Nähe, deinen Halt.

Hass und Engstirnigkeit sollen die Gemeinde nicht zersetzen.

Der Herr hält die Achsen dieser Welt in einer Hand,

er lenkt die Ströme und den Sinn.

Der Frieden putzt nicht reicher Leute Schuh,

der Frieden trägt nicht Mächtige in Sänften.

Frieden schmilzt das Eis in unsrer Sprache,

sendet Worte der Versöhnung.

Um dein und unser aller Willen

wünsche ich mir Frieden.

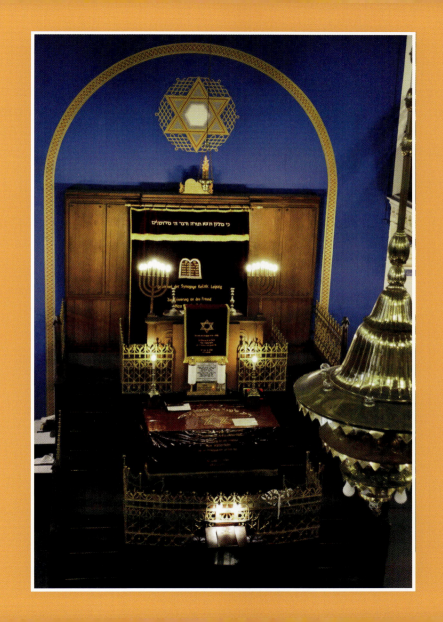

Nach einem Wallfahrtslied von David

Herr! Mein Herz will nicht hoch hinaus, meine Augen sind nicht hochfahrend. Ich gehe nicht mit Dingen um, die zu groß und zu wunderbar für mich sind. Habe ich meine Seele nicht beschwichtigt und beruhigt? Wie ein entwöhntes Kind bei seiner Mutter, wie ein entwöhntes Kind ist meine Seele in mir. Harre Israel, auf den Herrn, von nun an bis in Ewigkeit! (Ps.131)

Wir müssen nicht um jeden Preis die Besten sein.

Unsere Türme kitzeln deine Himmel nicht.

Was wir uns wünschen,

Du machst es mit jedem Wurm besser.

Der junge Trieb unterm Schnee zeigt

ein kleines Stück von deinem Plan.

Wenn mich das Fragment noch Staunen lehrt,

Du bist zu groß, dich in unsre Rahmen zu pressen.

Manchmal werde ich ruhig

wie ein Säugling nach dem Stillen.

Dann hast Du mein Seelenschiff geankert.

Wenn wir zusammen sind

Wie schön, wenn uns

dein Name auch im Alltag bindet.

Es tut gut, wenn wir eine gemeinsame Sprache sprechen.

Zwischen Herz und Mund spaltet manchen Tag die Zunge.

Ins täglichen Getriebe unserer Beziehungen setzt sich Sand.

Dein Tag lässt uns innehalten,

zwingt uns aus- und einzukehren.

Wie ein warmes Wogen meine Haut durchdringt,

spüre ich fragend, zögernd, zweifelnd,

glaubend, hoffend, betend, singend

nicht allein zu sein.

Zeit mit Anderen teilen,

wenn Last den Nacken spannt

und Freude sprudelt,

das eine Ziel im Sinn,

einander nah.

Dein Wille

Aber unser Gott ist da und was er tut,

das tut er aus seinem Willen.

Was er will, das tut Gott,

im Himmel und auf Erden,

im Meer und seinen Gräben.

Er lässt die Wolken frei

und hält die Natur in ihren Grenzen,

er lässt den Wind aus seinen Speichern

und gibt das Wissen zu heilen.

Wenn es dein Wille ist,

dass ich rede Herr,

will ich mit meiner schwachen Stimme reden

und stelle meine Zweifel hintenan.

Wenn du willst,

dass ich deiner Stimme lausche

statt zu reden, will ich schweigen

und geduldig sein.

Wenn du willst,

dass ich handle statt zu reden,

gib mir zu wollen,

dass du einen Auftrag für mich hast.

Wenn es dein Wille ist,

dass wir an uns gesunden,

fülle unser Herz

mit Leben.

Wenn du willst, dass ich es will.

Mein Schöpfer kennt mich

Herr, du kennst mich.

Von allen Seiten

hast du mein Werden begleitet.

Mit dem Leib meiner Mutter

hast du mich geschützt und mich

mit Sinnen ausgestattet.

Als ich in dunklem Raunen wuchs, warst du da.

Du erwartest von mir nicht, dass ich perfekt sein werde.

Aber in deinen Augen bin ich einzigartig.

Wie, Was und Wer werde ich sein?

Du sorgst für mich, legst meine kleinen Finger

in meines Vaters Hand. Angenommen.

Du schenkst mir eine Kindheit.

Wenn ich meine ersten Schritte wage,

wirst du bei mir sein.

Meine ersten Worte

hast du längst verstanden,

bevor sie Andre hören.

Wenn ich falle,

findest du Hände, die mich halten.

Wenn ich mich verlaufe,

zeigst du mir den Weg

zu dir.

Loben

Die Seele öffne mir, den Mund, zu loben im Chor und in den leisen Tönen.

Zeige mir mein Herz als eine Tür und tritt ein.

Sei mein Gast und mehr in meinem Leben.

Öffne mir das Ohr für deinen Ton in Himmel, Fluss und trockner Erde,

dass ich gleich dir dem Fremden Heimat gebe, gleich dir

Bedürftigen bin, was sie am Nötigsten brauchen.

Deiner Schöpfung will ich singen, nicht vergessen, dass ich durch dich lebe.

Wir Menschen haben keine Macht. Doch du kannst dem Verzweifelten,

du kannst dem Süchtigen Sinn geben. Löse ihre Ketten, löse sie aus.

Singe Mund das Halleluja.

Finger schnippt, Füße tanzt.

Lobt mit mir den Herrn.

Die Musik

Hebt eure Hände,

Gott spielt auf den Galaxien und kommt uns doch so nah.

Nutzt eure Augen und Ohren, ihn zu erfahren, er wirkt auf wunderbare Weise.

Hebt eure Füße, lobt ihn mit dem Stampfen eurer Sohlen.

Singt, er hört die Leisen wie die Lauten,

den Klang der Mundharmonika und Violinen,

Yakutiens Maultrommel und Spaniens Tänze.

Die Natur verneigt sich vor ihm

mit dem Didgeridoo und großen Trommeln.

Harfen schmeicheln, Fanfaren sind ein leiser Hauch.

Er zählt nicht die Saiten eurer Instrumente,

spielt ihm zu Ehren.

Nutzt euer Können. Sucht Leute, die
mitmachen. Jeder darf es hören,
Gott ist unser Dirigent.
Lobt ihn mit Fröhlichkeit der Kinder,
lobt ihn mit der Kraft der Sinfonie.

Ihr Alten, erinnert euch
der Lieder eurer Jugend,
Gebt uns euer Wissen nicht verloren.

Gott ist in prächtigen Kirchen
und auf kahlen Plätzen heilig,
im Strom der Menschen,
wie in einer stillen Kammer.

**Vom höchsten Wesen bis zum kleinsten
Stein, alles erzählt von seinen Taten.**

Bildnachweise, Gestaltung und Satz

Bild zu Psalm 24: Michael Oertel
(www.michaeloertel.com)

Bild zu Psalm 113 Claudia Fabricius

Bild zu Psalm 53, 95, 112, 131:

Andreas Wilde

Umschlaggestaltung: Alice Männl, B. Fabricius,

Satz: Constanze Wilde

Impressum

Bibliografische Information durch die Deutsche
Nationalbibliothek: Die Deutsche Nationalbibliothek
verzeichnet diese Publikation in der Deutschen
Nationalbibliografie; detaillierte bibliografische Daten
sind im Internet über http://www.dnb.de abrufbar.

ISBN 978-3-95488-017-1

Copyright (2012) Engelsdorfer Verlag Leipzig

Alle Rechte beim Autor

Hergestellt in Leipzig, Germany (EU)

www.engelsdorfer-verlag.de

12,00 Euro (D)